Impressum
Verlag: BABADADA GmbH, Nedderfeld 112 , 22529 Hamburg
Geschäftsführer / Verlagsleitung: Harald Hof
Druck: Books on Demand GmbH, In de Tarpen 42, 22848 Norderstedt

Imprint
Publisher: BABADADA GmbH, Nedderfeld 112 , 22529 Hamburg, Germany
Managing Director / Publishing direction: Harald Hof
Print: Books on Demand GmbH, In de Tarpen 42, 22848 Norderstedt, Germany

mokykla

la escuela

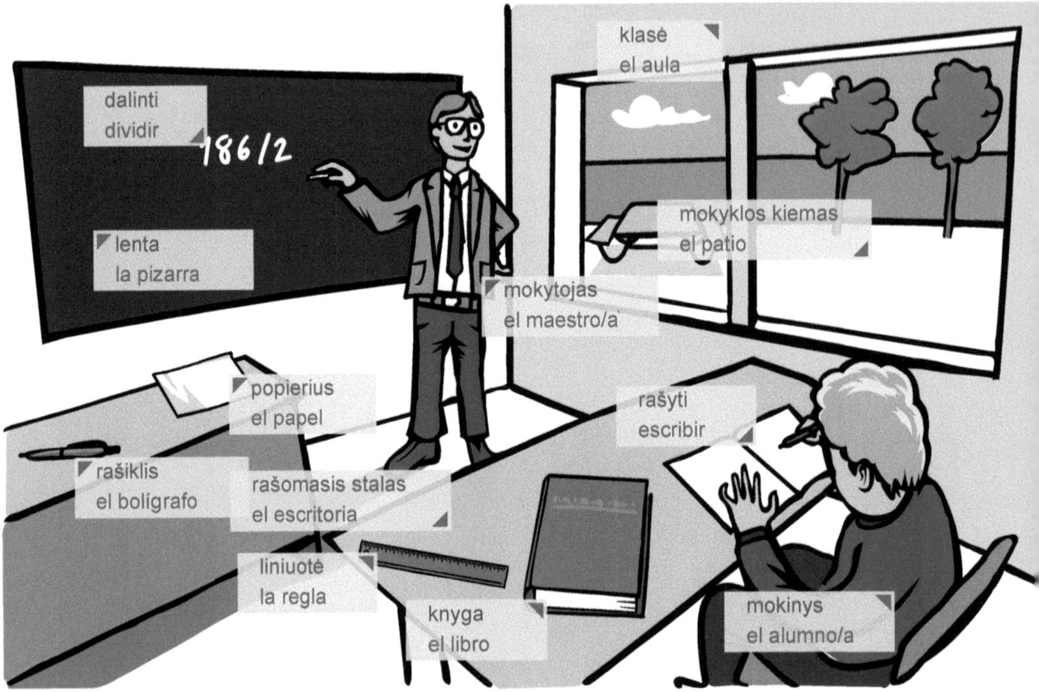

klasė
el aula
dalinti
dividir
186/2
lenta
la pizarra
mokyklos kiemas
el patio
mokytojas
el maestro/a
popierius
el papel
rašyti
escribir
rašiklis
el bolígrafo
rašomasis stalas
el escritoria
liniuotė
la regla
knyga
el libro
mokinys
el alumno/a

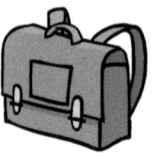

kuprinė

la cartera

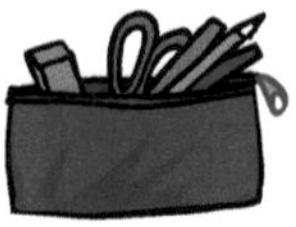

penalas

la caja de lápices

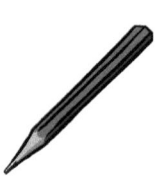

pieštukas

el lápiz

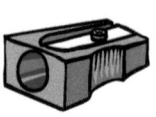

drožtukas

el sacapuntas

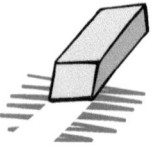

trintukas

la goma de borrar

piešimo bloknotas

el cuaderno de dibujo

piešinys

el dibujo

teptukas

el pincel

dažų dėžutė

la caja de pinturas

žirklės

las tijeras

klijai

el pegamento

vadovėlis

el cuaderno de ejercicios

namų darbai

los deberes

numeris

el número

pridėti

sumar

atimti

restar

dauginti

multiplicar

skaičiuoti

calcular

raidė

la letra

abėcėlė

el alfabeto

žodis

la palabra

tekstas

el texto

skaityti

leer

kreida

la tiza

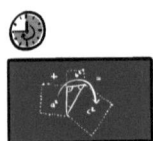

pamoka

la lección

dienynas

el cuaderno de notas

egzaminas

el examen

pažymėjimas

el certificado

mokyklinė uniforma

el uniforme

išsilavinimas

la educación

enciklopedija

la enciclopedia

universitetas

la universidad

mikroskopas

el microscopio

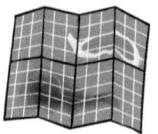

žemėlapis

el mapa

šiukšliadėžė

la papelera

kelionė
el viaje

viešbutis
el hotel
Grand
svečių namai
el albergue
ROOMS
aliutos keitykla
oficina de cambio de divisas
lagaminas
la maleta
mašina
el coche

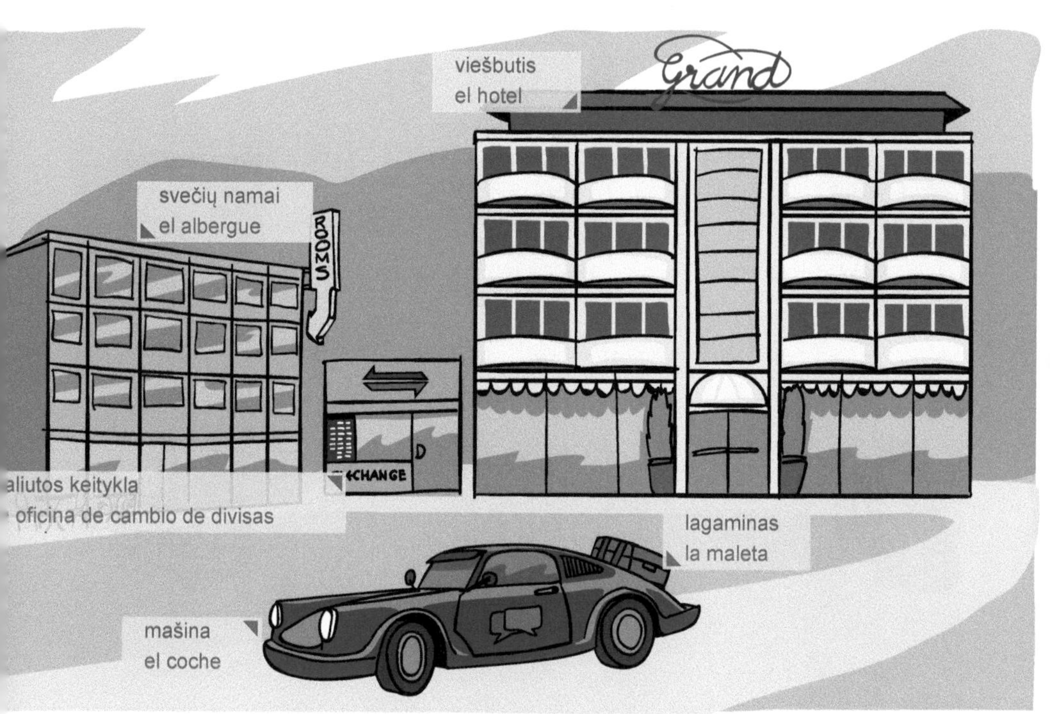

kalba
el idioma

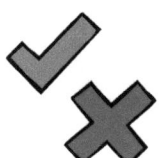

taip / ne
sí / no

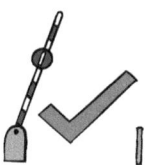

Gerai
Vale

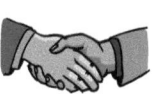

sveiki
hola

vertėjas raštu
el traductor

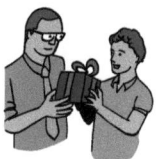

Ačiū
Gracias

kiek kainuoja...?

¿cuánto es...?

aš nesuprantu

No entiendo

problema

el problema

Labas vakaras!

¡Buenas tardes!

Labas rytas!

¡Buenos días!

Labos nakties!

¡Buenas noches!

viso gero

adiós

kryptis

la dirección

bagažas

el equipaje

krepšys

la bolsa

kuprinė

la mochila

svečias

el invitado

kambarys

la habitación

miegmaišis

el saco de dormir

palapinė

la tienda de campaña

turizmo informacija

la información turística

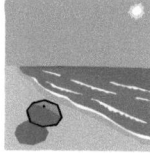

paplūdimys

la playa

kreditinė kortelė

la tarjeta de crédito

pusryčiai

el desayuno

pietūs

el almuerzo

vakarienė

la cena

bilietas

el billete

liftas

el ascensor

pašto ženklas

el sello

siena

la frontera

muitinė

la aduana

ambasada

la embajada

viza

la visa

pasas

el pasaporte

transportas
el transporte

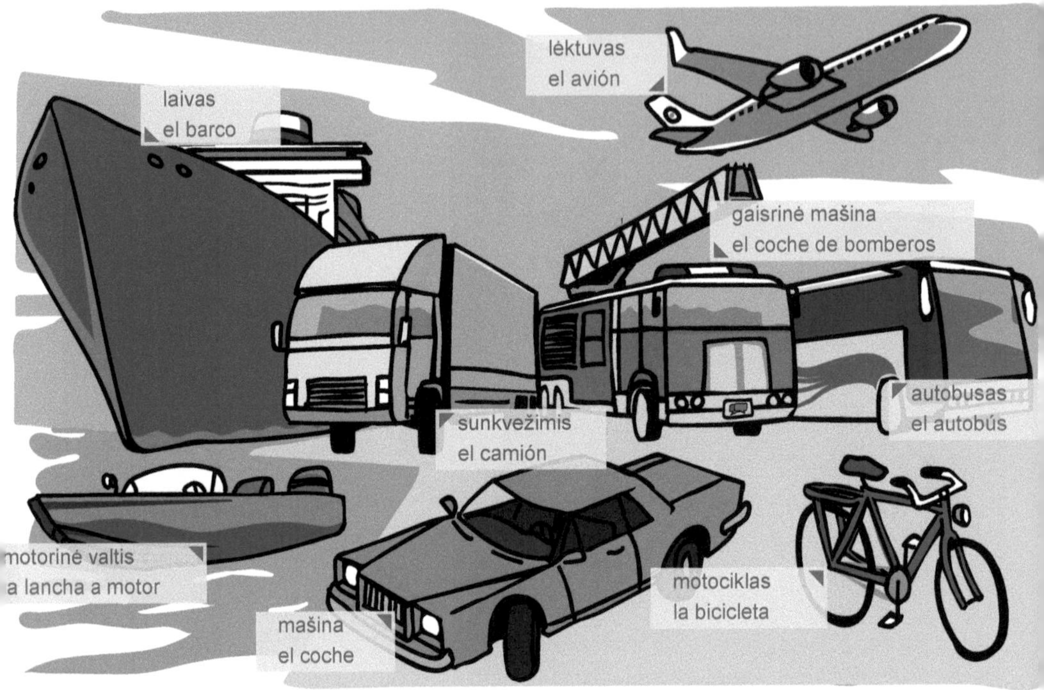
lėktuvas
el avión
laivas
el barco
gaisrinė mašina
el coche de bomberos
autobusas
el autobús
sunkvežimis
el camión
motorinė valtis
a lancha a motor
motociklas
la bicicleta
mašina
el coche

keltas
....
el transbordador

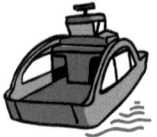

valtis
....
la barca

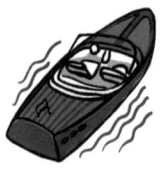

mopedas
....
la moto

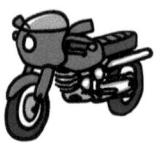

policijos automobilis
....
el coche de policía

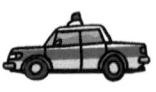

lenktyninis automobilis
....
el coche de carreras

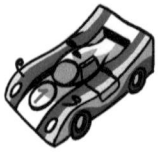

nuomojamas automobilis
....
el coche de alquiler

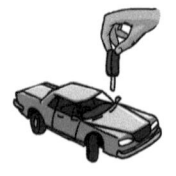

bendras automobilio
naudojimas

el préstamo de vehículos

techninės pagalbos
automobilis

la grúa

šiukšliavežė

el camión de la basura

variklis

el motor

degalai

la gasolina

degalinė

la gasolinera

kelio ženklas

la señal de tráfico

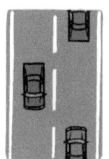

eismas

el tráfico

eismo spūstis

el atasco

mašinų stovėjimo aikštelė

el aparcamiento

traukinių stotis

la estación de tren

bėgiai

las vías

traukinys

el tren

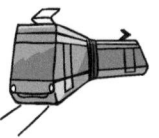

tramvajus

el tranvía

vagonas

el vagón

sraigtasparnis

el helicóptero

oro uostas

el aeropuerto

bokštas

la torre

keleivis

el pasajero

konteineris

el contenedor

dėžė

la caja de cartón

vežimėlis

la carretilla

krepšys

la cesta

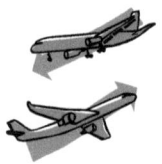

pakilti / nusileisti

despegar / aterrizar

miestas
la ciudad

kaimas

el pueblo

miesto centras

el centro de la ciudad

namas

la casa

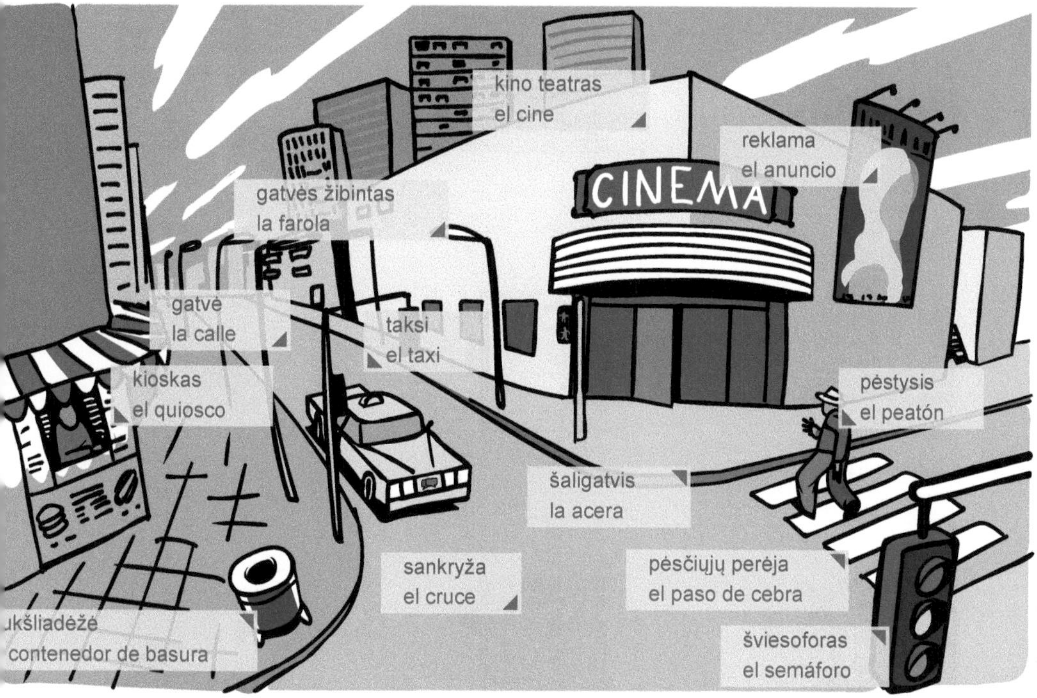

kino teatras
el cine

reklama
el anuncio

gatvės žibintas
la farola

CINEMA

gatvė
la calle

taksi
el taxi

kioskas
el quiosco

pėstysis
el peatón

šaligatvis
la acera

sankryža
el cruce

pėsčiųjų perėja
el paso de cebra

ukšliadėžė
contenedor de basura

šviesoforas
el semáforo

trobelė
la cabaña

butas
el apartamento

traukinių stotis
la estación de tren

rotušė
el ayuntamiento

muziejus
el museo

mokykla
la escuela

universitetas

la universidad

bankas

el banco

ligoninė

el hospital

viešbutis

el hotel

vaistinė

la farmacia

biuras

la oficina

knygynas

la librería

parduotuvė

la tienda de campaña

gėlių parduotuvė

la floristería

prekybos centras

el supermercado

turgus

el mercado

universalinė parduotuvė

los grandes almacenes

žuvies parduotuvė

la pescadería

prekybos centras

el centro comercial

uostas

el puerto

parkas
el parque

suoliukas
el banco

tiltas
el puente

laiptai
las escaleras

metro
el metro

tunelis
el túnel

autobusų stotelė
la parada de autobús

baras
el bar

restoranas
el restaurante

lauko pašto dėžutė
el buzón

kelio ženklas
el poste indicador

parkomatas
el parquímetro

zoologijos sodas
el zoo

baseinas
la piscina

mečetė
la mezquita

ūkininko ūkis
la granja

tarša
la contaminación

kapinės
el cementerio

bažnyčia
la iglesia

žaidimų aikštelė
el patio de juego

šventykla
el templo

kraštovaizdis
el paisaje

lapas
la hoja

kelio rodyklė
la señal

kelias
el camino

pieva
el prado

akmuo
la piedra

ėjikas
el excursionista

medis
el árbol

upė
el río

žolė
la hierba

gėlė
la flor

slėnis

el valle

kalva

la colina

ežeras

el lago

miškas

el bosque

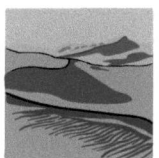

dykuma

el desierto

ugnikalnis

el volcán

pilis

el castillo

vaivorykštė

el arcoíris

grybas

el champiñón

palmė

la palmera

uodas

el mosquito

musė

la mosca

skruzdėlė

la hormiga

bitė

la abeja

voras

la araña

vabalas

el escarabajo

varlė

la rana

voverė

la ardilla

ežys

el erizo

kiškis

la liebre

pelėda

la lechuza

paukštis

el pájaro

gulbė

el cisne

šernas

el jabalí

elnias

el ciervo

briedis

el alce

užtvanka

la presa

vėjo jėgainė

la turbina eólica

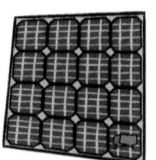

saulės baterija

el panel solar

klimatas

el clima

restoranas
el restaurante

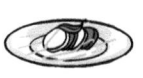

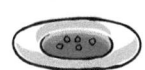

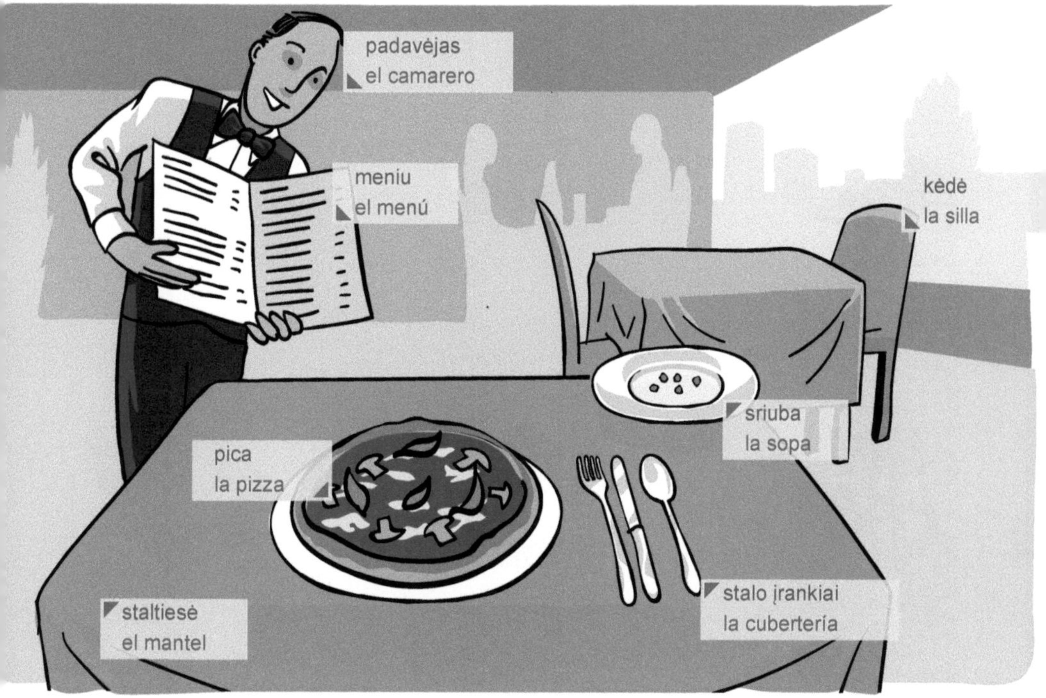
padavėjas
el camarero
meniu
el menú
kėdė
la silla
sriuba
la sopa
pica
la pizza
staltiesė
el mantel
stalo įrankiai
la cubertería

užkandis
el primer plato

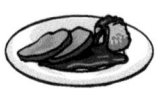

pagrindinis patiekalas
el plato principal

desertas
el postre

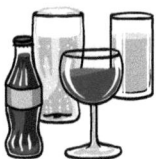

gėrimai
las bebidas

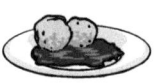

maistas
la comida

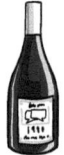

butelis
la botella

greitai pateikiamas maistas

la comida rápida

gatvės maistas

la comida callejera

arbatinukas

la tetera

cukrinė

el azucarero

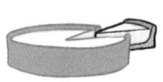

porcija

la porción

espreso aparatas

la cafetera expreso

aukšta kėdė

la trona

sąskaita

la cuenta

padėklas

la bandeja

peilis

el cuchillo

šakutė

el tenedor

šaukštas

la cuchara

arbatinis šaukštelis

la cucharilla

servetėlė

la servilleta

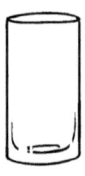

stiklinė

el vaso

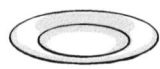

lėkštė
el plato

sriubos lėkštė
el plato hondo

padėklas
el platillo

padažas
la salsa

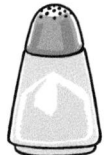

druskinė
el salero

pipirų malūnėlis
el molinillo de pimienta

actas
el vinagre

aliejus
el aceite

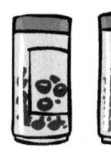

prieskoniai
las especias

kečupas
el ketchup

garstyčios
la mostaza

majonezas
la mayonesa

prekybos centras
el supermercado

specialus pasiūlymas
la oferta especial
pirkėjas
el cliente
pieno produktai
los lácteos
FOR
vaisiai
la fruta
troleibusas
el carro de compra

BUTCHERS

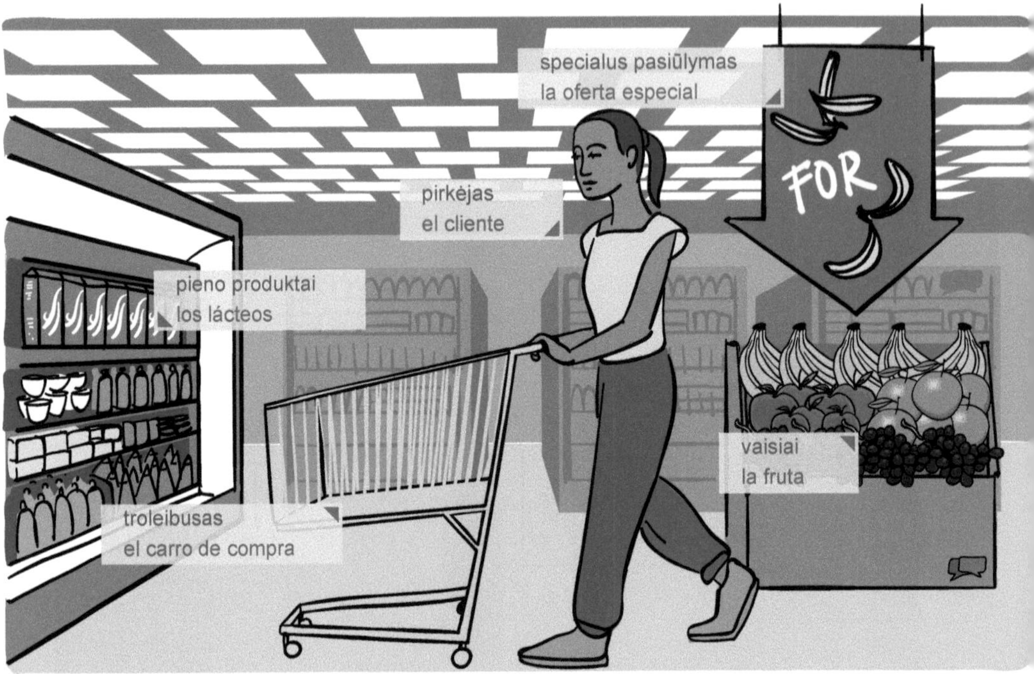

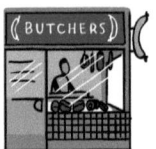

mėsos parduotuvė

la carniceria

BAKERY

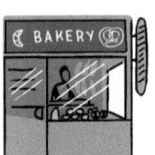

kepykla

la panadería

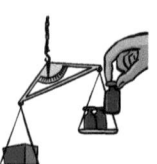

sverti

pesar

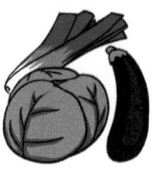

daržovės

las verduras

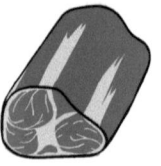

mėsa

la carne

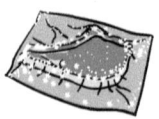

šaldytas maistas

los alimentos congelados

šalti mėsos užkandžiai
los fiambres

konservai
las conservas

skalbimo milteliai
el detergente en polvo

saldumynai
los dulces

ūkinės prekės
productos de uso doméstico

valymo priemonės
productos de limpieza

pardavėja
la vendedora

kasos aparatas
la caja de cartón

kasininkas
el cajero

pirkinių sąrašas
la lista de la compra

darbo valandos
el horario de atención al
público

piniginė
la cartera

kreditinė kortelė
la tarjeta de crédito

maišelis
la bolsa de plástico

plastikinis maišelis
la bolsa de plástico

vanduo

el agua

sultys

el zumo

pienas

la leche

kola

la cola

vynas

el vino

alus

la cerveza

alkoholis

el alcohol

kakava

el cacao

arbata

el té

kava

el café

espresas

el expreso

kapučinas

el capuchino

bananas

el plátano

obuolys

la manzana

apelsinas

la naranja

arbūzas

el melón

citrina

el limón

morka

la zanahoria

česnakas

el ajo

bambukas

el bambú

svogūnas

la cebolla

grybas

el champiñón

riešutai

las avellanas

makaronai

los fideos

spagečiai

las espagueti

ryžiai

el arroz

salotos

la ensalada

traškučiai

las patatas fritas

keptos bulvės

las patatas fritas

pica

la pizza

mėsainis

la hamburguesa

sumuštinis

el sándwich

pjausnys

el filete

kumpis

el jamón

saliamis

le salami

dešrelė

la salchicha

vištiena

el pollo

kepsnys

el asado

žuvis

el pescado

avižų dribsniai

los copos de avena

dribsniai su priedais

el muesli

kukurūzų dribsniai

los copos de maíz

miltai

la harina

prancūziškasis ragelis

el cruasán

bandelė

el panecillo

duona

el pan

skrebutis

la tostada

sausainiai

las galletas

sviestas

la mantequilla

varškė

la cuajada

tortas

el pastel

kiaušinis

el huevo

kiaušinienė

el huevo frito

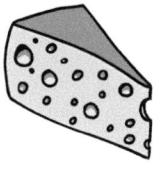

sūris

el queso

ledai

el helado

cukrus

el azúcar

medus

la miel

uogienė

la mermelada

tepamas šokoladas

la crema de turrón

karis

el curry

ūkininko ūkis
la granja

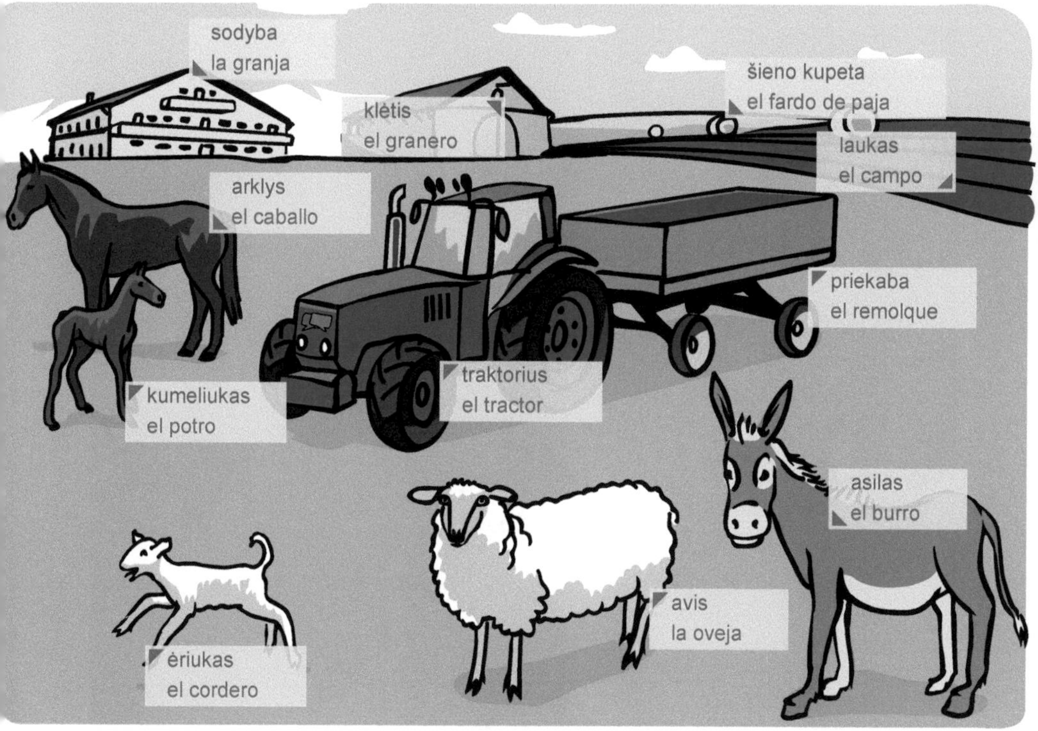
sodyba
la granja
klėtis
el granero
šieno kupeta
el fardo de paja
laukas
el campo
arklys
el caballo
priekaba
el remolque
kumeliukas
el potro
traktorius
el tractor
asilas
el burro
avis
la oveja
ėriukas
el cordero

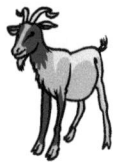

ožys
....
la cabra

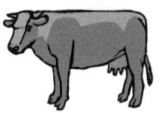

karvė
....
la vaca

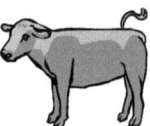

veršis
....
el ternero

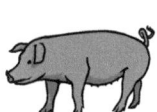

kiaulė
....
el cerdo

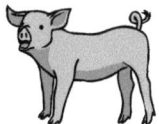

paršelis
....
el cerdito

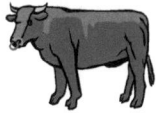

bulius
....
el toro

žąsis

el ganso

antis

el pato

viščiukas

el pollo

višta

la gallina

gaidys

el gallo

žiurkė

la rata

katė

el gato

pelė

el ratón

jautis

el buey

šuo

el perro

šuns būda

la perrera

sodo namas

la manguera

laistytuvas

la regadera

dalgis

la guadaña

plūgas

el arado

pjautuvas
la hoz

kauptukas
la azada

šakės
la horca

kirvis
el hacha

statinė
la carretilla

lovys
el abrevadero

bidonas
la lechera

maišas
el saco

tvora
la valla

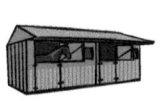

arklidė
el establo

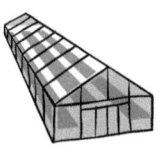

šiltnamis
el invernadero

dirva
el suelo

sėkla
la semilla

trąšos
el fertilizador

kombainas
la cosechadora

rinkti

cosechar

derlius

la cosecha

saldžiosios bulvės

el ñame

kviečiai

el trigo

soja

el soja

bulvė

la patata

kukurūzai

el maíz

rapsai

la semilla de colza

vaismedis

el árbol frutal

manijokas

la mandioca

grūdai

las cereales

namas
la casa

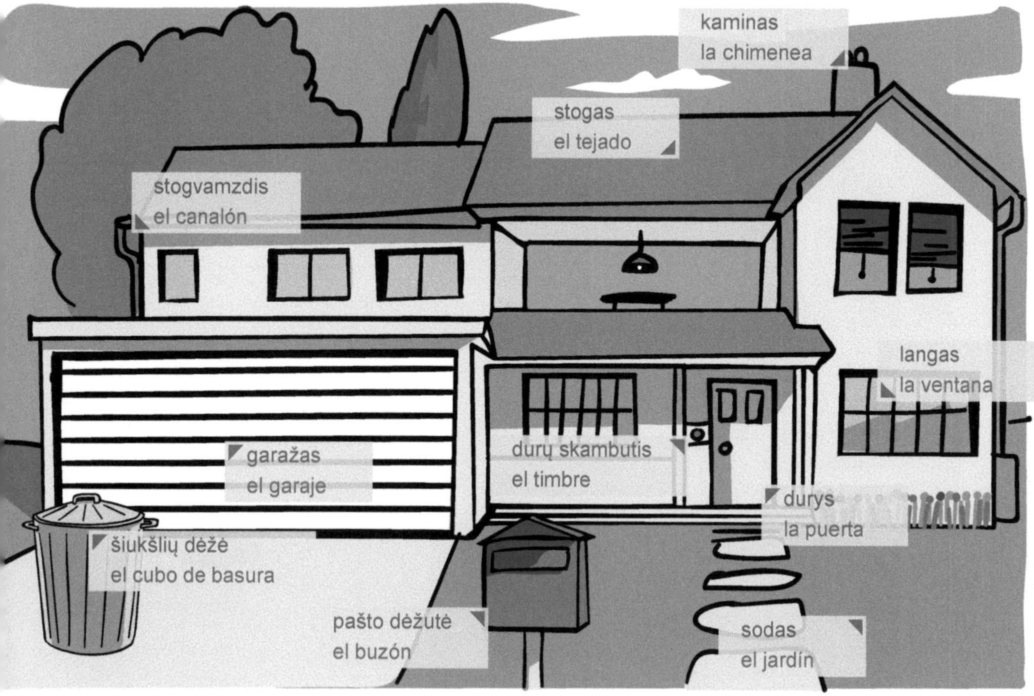
kaminas
la chimenea
stogas
el tejado
stogvamzdis
el canalón
langas
la ventana
garažas
el garaje
durų skambutis
el timbre
durys
la puerta
šiukšlių dėžė
el cubo de basura
pašto dėžutė
el buzón
sodas
el jardín

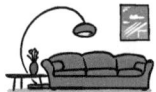

svetainė

la sala

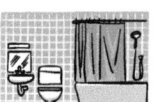

vonios kambarys

el cuarto de baño

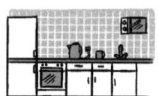

virtuvė

la cocina

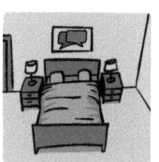

miegamasis

el dormitorio

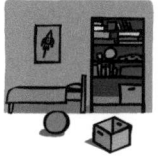

vaiko kambarys

la habitación de los niños

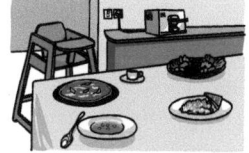

valgomasis

el comedor

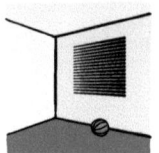

grindys

el suelo

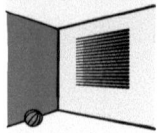

siena

la pared

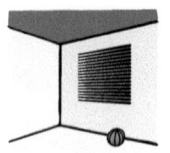

lubos

el techo

rūsys

el sótano

sauna

la sauna

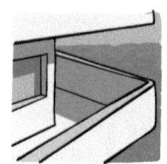

balkonas

el balcón

terasa

la terraza

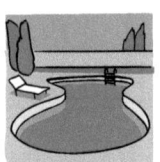

baseinas

la piscina

žoliapjovė

el cortacésped

paklodė

la sábana

lovatiesė

la colcha

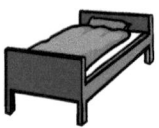

lova

la cama

šluota

la escoba

kibiras

el balde

jungiklis

el interruptor

svetainė
la sala

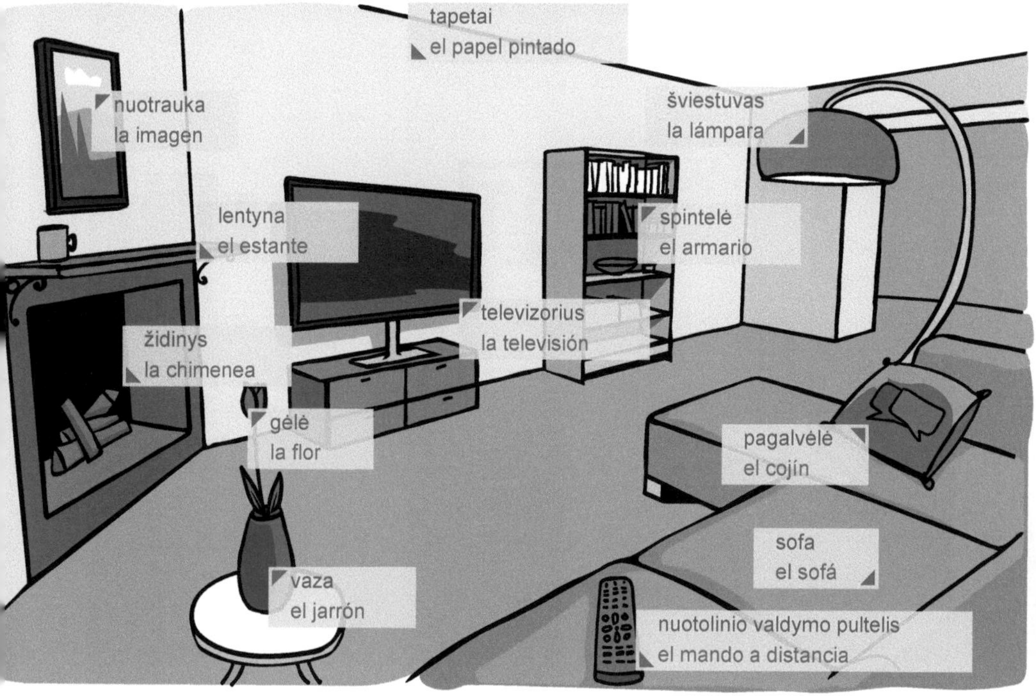
tapetai
el papel pintado
nuotrauka
la imagen
šviestuvas
la lámpara
lentyna
el estante
spintelė
el armario
televizorius
la televisión
židinys
la chimenea
gėlė
la flor
pagalvėlė
el cojín
sofa
el sofá
vaza
el jarrón
nuotolinio valdymo pultelis
el mando a distancia

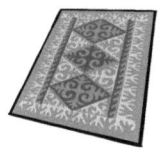

kilimas

la alfombra

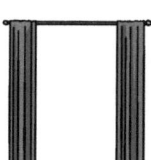

užuolaida

la cortina

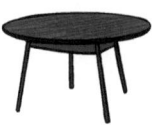

stalas

la mesa

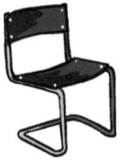

kėdė

la silla

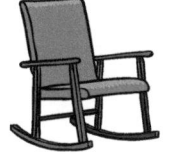

supamasis krėslas

el mecedora

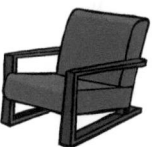

fotelis

la butaca

knyga

el libro

antklodė

la manta

papuošimai

la decoración

malkos

la leña

filmas

la película

stereo aparatūra

el equipo de música

raktas

la llave

laikraštis

el periódico

paveikslas

la pintura

plakatas

el póster

radijas

la radio

užrašų knygelė

el cuaderno

dulkių siurblys

la aspiradora

kaktusas

el cactus

žvakė

la vela

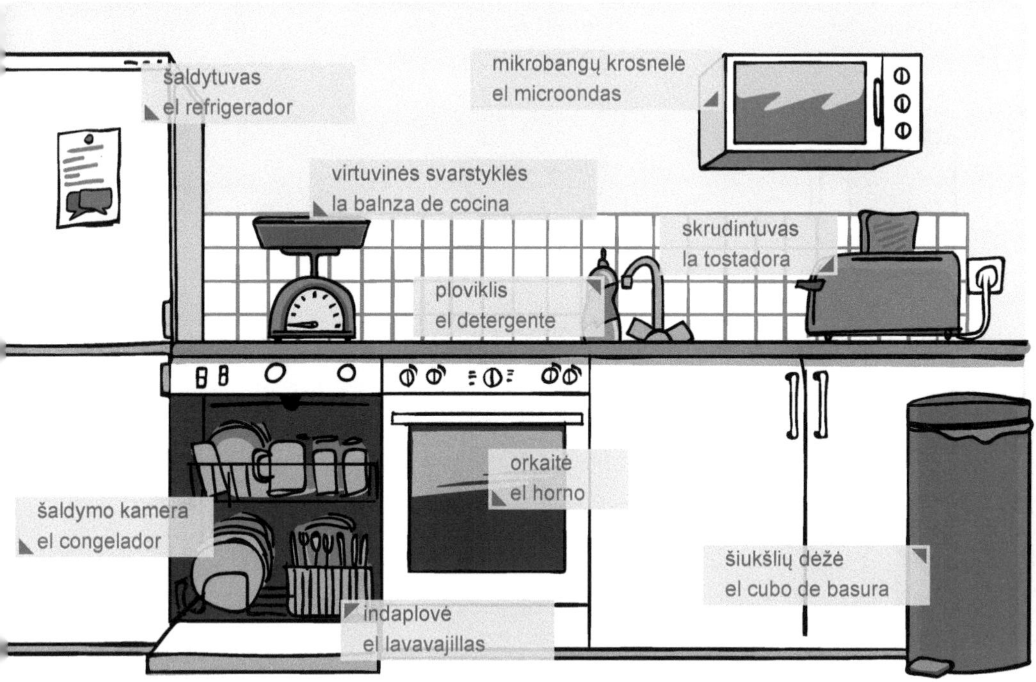

šaldytuvas
el refrigerador

mikrobangų krosnelė
el microondas

virtuvinės svarstyklės
la balnza de cocina

skrudintuvas
la tostadora

ploviklis
el detergente

orkaitė
el horno

šaldymo kamera
el congelador

šiukšlių dėžė
el cubo de basura

indaplovė
el lavavajillas

viryklė
la olla a presión

puodas
la olla

ketaus puodas
la olla de hierro fundido

„wok" keptuvė
el wok

keptuvė
la cazuela

virdulys
el hervidor

garų puodas

la vaporera

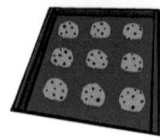

kepimo skarda

la chapa de horno

porceliano indai

la vajilla

puodelis

la taza

dubuo

el tazón

valgomosios lazdelės

los palillos

samtis

el cucharón

mentelė

la espumadera

plaktuvas

el batidor

koštuvas

el colador

sietas

el cedazo

trintuvė

el rallador

grūstuvė

el mortero

kepsninė

la barbacoa

atvira liepsna

la hoguera

pjaustymo lentelė

la tabla de picar

kočėlas

el rodillo

kamščiatraukis

el sacacorchos

skardinė

la lata

skardinių atidarytuvas

el abrelatas

puodkėlė

el agarrador

kriauklė

el lavabo

šepetys

el cepillo

kempinė

la esponja

trintuvas

la batidora

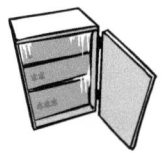

šaldiklis

el congelador

kūdikių buteliukas

el biberón

čiaupas

el grifo

vonios kambarys
el cuarto de baño

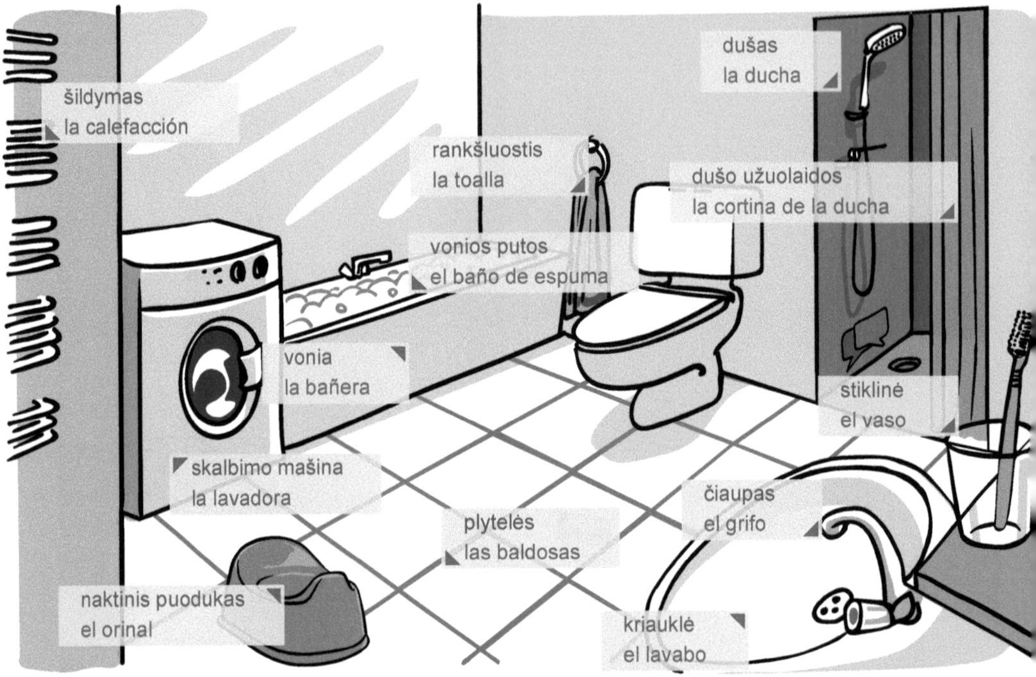

dušas
la ducha
šildymas
la calefacción
rankšluostis
la toalla
dušo užuolaidos
la cortina de la ducha
vonios putos
el baño de espuma
vonia
la bañera
stiklinė
el vaso
skalbimo mašina
la lavadora
čiaupas
el grifo
plytelės
las baldosas
naktinis puodukas
el orinal
kriauklė
el lavabo

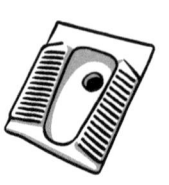

unitazas
el inodoro

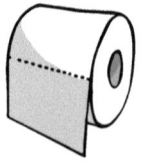

tupimasis unitazas
el inodoro rústico

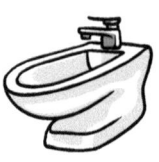

bidė
el bidé

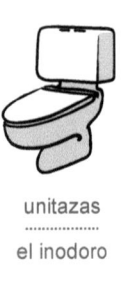

pisuaras
el urinario

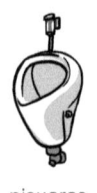

tualetinis popierius
el papel higiénico

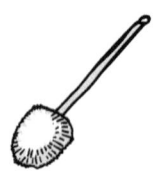

unitazo šepetys
la escobilla del váter

dantų šepetėlis

el cepillo de dientes

dantų pasta

la pasta de dientes

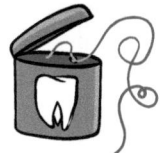

dantų siūlas

el hilo dental

plauti

lavar

dušo galvutė

la ducha de mano

higieninis dušas

la ducha íntima

praustuvas

la pila

nugaros plaušinė

el cepillo de espalda

muilas

el jabón

dušo želė

el gel de ducha

šampūnas

el champú

plaušinė

la toallita

kanalizacija

el desagüe

kremas

la crema

dezodorantas

el desodorante

veidrodis

el espejo

veidrodėlis

el espejo de tocador

skustuvas

la maquinilla de afeitar

skutimosi putos

la espuma de afeitar

losjonas po skutimosi

la loción postafeitado

šukos

el peine

šepetys

el cepillo

plaukų džiovintuvas

el secador

plaukų lakas

la laca

makiažas

el maquillaje

lūpdažis

el pintalabios

nagų lakas

el pintauñas

vata

el algodón

žirklutės nagams

el cortauñas

kvepalai

el perfume

maišelis skalbiniams

el estuche de viaje

taburetė

la banqueta

svarstyklės

la balanza

chalatas

el albornoz

guminės pirštinės

los guantes de goma

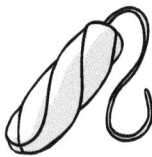

tamponas

el tampón

higieninis įklotas

la compresa

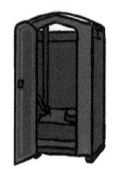

biotualetas

el inodoro químico

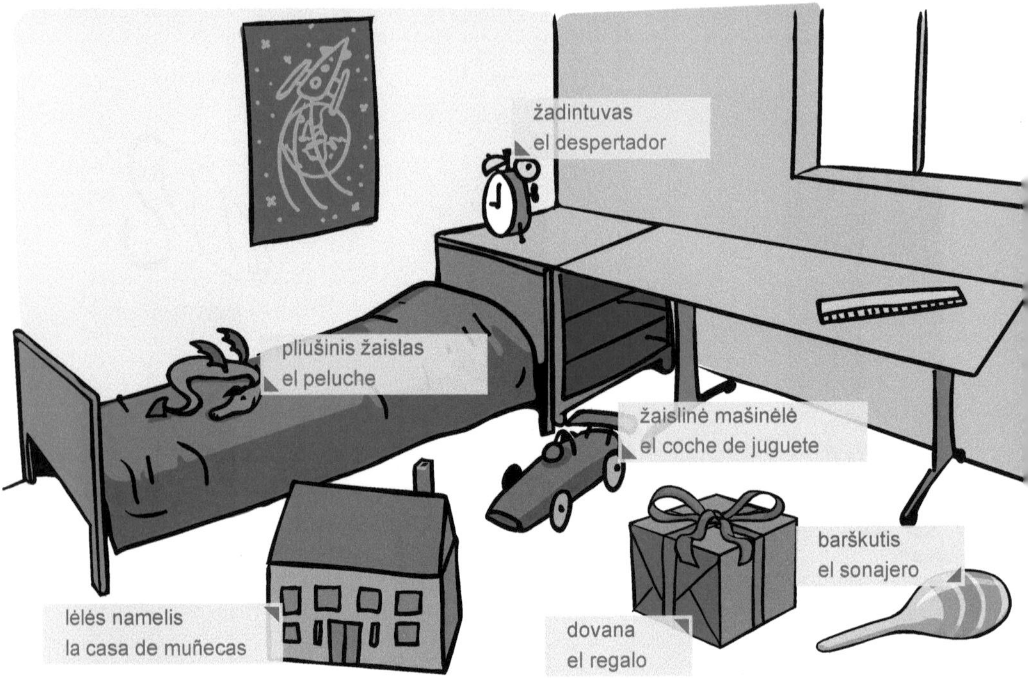

žadintuvas
el despertador
pliušinis žaislas
el peluche
žaislinė mašinėlė
el coche de juguete
barškutis
el sonajero
lėlės namelis
la casa de muñecas
dovana
el regalo

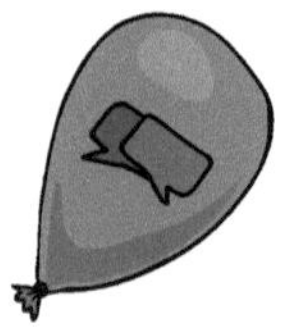

balionas

el globo

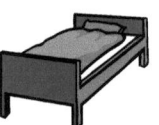

lova

la cama

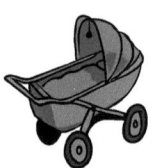

vaikiškas vežimėlis

el coche de niño

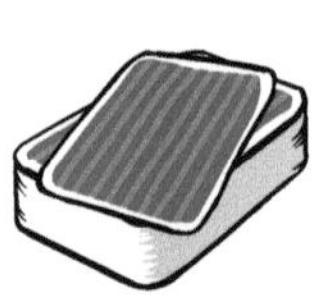

kortų malka

los naipes

delionė

el puzle

SUPER MEGA

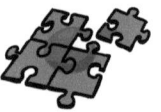

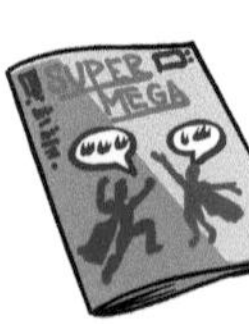

komiksai

el tebeo

lego kaladėlės

las piezas de lego

žaislinės kaladėlės

los bloques de juguete

figūrėlė

la figura de acción

šliaužtinukai

el bodi (de bebé)

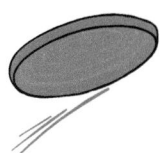

mėtymo lėkštė

el frisbee

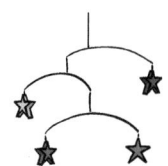

karuselė

el colgador móvil para bebés

stalo žaidimas

el juego de mesa

kauliukai

los dados

žaislinis traukinys

el circuito de tren eléctrico

žindukas

el maniquí

vakarėlis

la fiesta

paveiksliukų knygelė

el álbum de fotos

kamuolys

la pelota

lėlė

la muñeca

žaisti

jugar

smėlio dėžė

el cajón de arena

sūpynės

el columpio

žaislai

los juguetes

žaidimų konsolė

la videoconsola

triratukas

el triciclo

meškiukas

el oso de peluche

drabužių spinta

la guardarropa

drabužis

la ropa

kojinės

los calcetines

kojinės virš kelių

las medias

pėdkelnės

los leotardos

šalikas
la bufanda

skėtis
el paraguas

marškinėliai
la camiseta

diržas
el cinturón

ilgaauliai batai
las botas

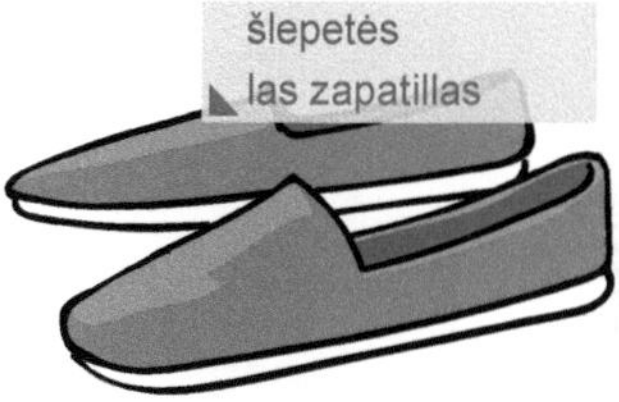

šlepetės
las zapatillas

sportbačiai
las deportivas

sandalai
las sandalias

batai
los zapatos

guminiai batai
las botas de goma

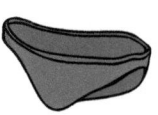

trumpikės
el slip

liemenėlė
el sostén

liemenė
el chaleco

glaustinukė

el bodi

kelnės

los pantalones cortos

džinsai

los vaqueros

sijonas

la falda

palaidinė

la blusa

marškiniai

la camisa

megztinis

el jersey

megztinis su gobtuvu

el suéter

švarkelis

el blazer

švarkas

la chaqueta

paltas

el abrigo

lietpaltis

la gabardina

kostiumas

el traje

suknelė

el vestido

vestuvinė suknelė

el vestido de novia

kostiumas

el traje

naktiniai marškiniai

el camisón

pižama

el pijama

saris

el sati

skarelė

el bandana

tiurbanas

el turbante

burka

la burka

kaftanas

el caftán

abaja

la abaya

maudymosi kostiumėlis

el traje de baño

glaudės

el bañador

šortai

los pantalones cortos

sportinis kostiumas

el chándal

prijuostė

el delantal

pirštinės

los guantes

saga

el botón

akiniai

las gafas

apyrankė

el brazalete

vėrinys

el collar

žiedas

el anillo

auskaras

el pendiente

kepurė

la gorra

pakabas

la percha

skrybėlė

el sombrero

kaklaraištis

la corbata

užtrauktukas

la cremallera

šalmas

el casco

breketai

los tirantes

mokyklinė uniforma

el uniforme

uniforma

el uniforme

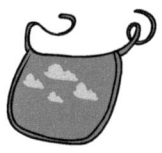

seilinukas

el babero

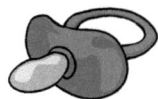

žindukas

el maniquí

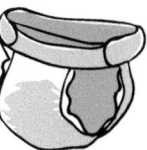

vystyklai

el pañal

biuras
la oficina

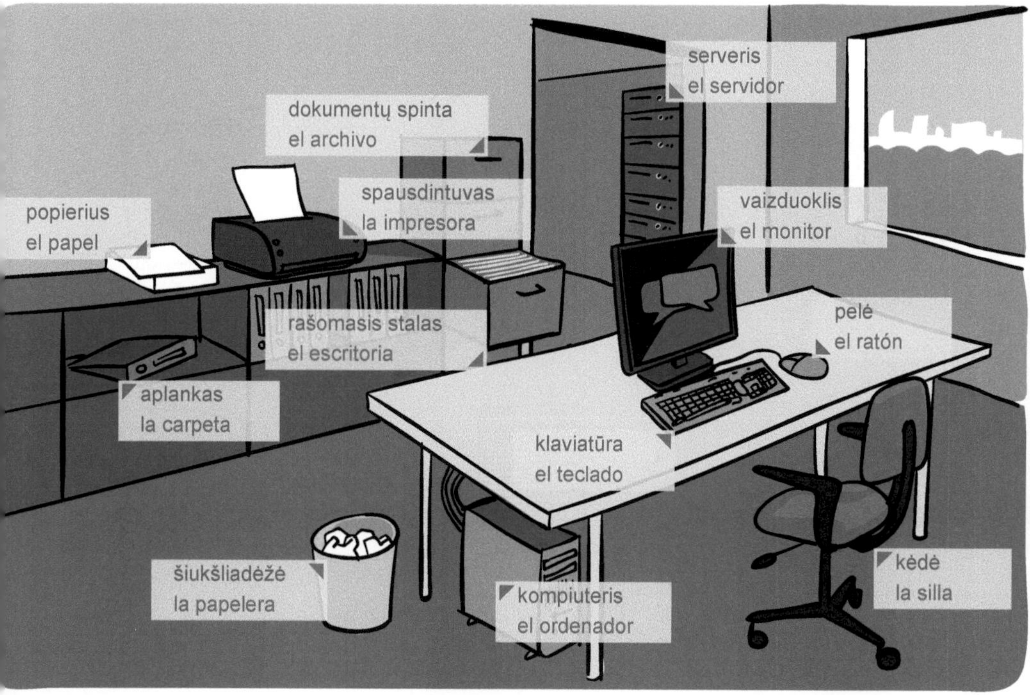
serveris
el servidor
dokumentų spinta
el archivo
popierius
el papel
spausdintuvas
la impresora
vaizduoklis
el monitor
pelė
el ratón
rašomasis stalas
el escritoria
aplankas
la carpeta
klaviatūra
el teclado
šiukšliadėžė
la papelera
kompiuteris
el ordenador
kėdė
la silla

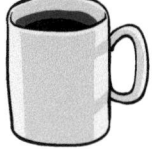

kavos puodelis

la taza de café

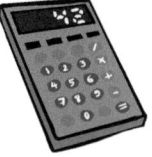

kalkuliatorius

la calculadora

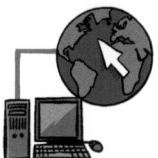

internetas

el internet

nešiojamasis kompiuteris

el portátil

laiškas

la carta

žinutė

el mensaje

mobilusis telefonas

el móvil

tinklas

la red

fotokopijavimo aparatas

la fotocopiadora

programinė įranga

el software

telefonas

el teléfono

kištukinis lizdas

la toma de corriente

faksas

el fax

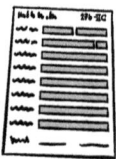

forma

el formulario

dokumentas

el documento

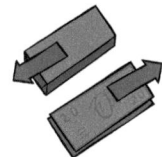

pirkti

comprar

mokėti

pagar

prekiauti

comerciar

pinigai

el dinero

doleris

el dólar

euras

el euro

jena

el yen

rublis

el rublo

Šveicarijos frankas

el franco suizo

juanis

el renminbi yuan

rupija

la rupia

bankomatas

el cajero automático

valiutos keitykla

la oficina de cambio de divisas

auksas

el oro

sidabras

la plata

nafta

el petróleo

energija

la energía

kaina

el precio

sutartis

el contrato

mokestis

el impuesto

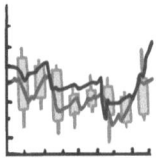

akcijos

la acción

dirbti

trabajar

darbuotojas

el empleador

darbdavys

el empleador

gamykla

la fábrica

parduotuvė

la tienda de campaña

profesijos
los oficios

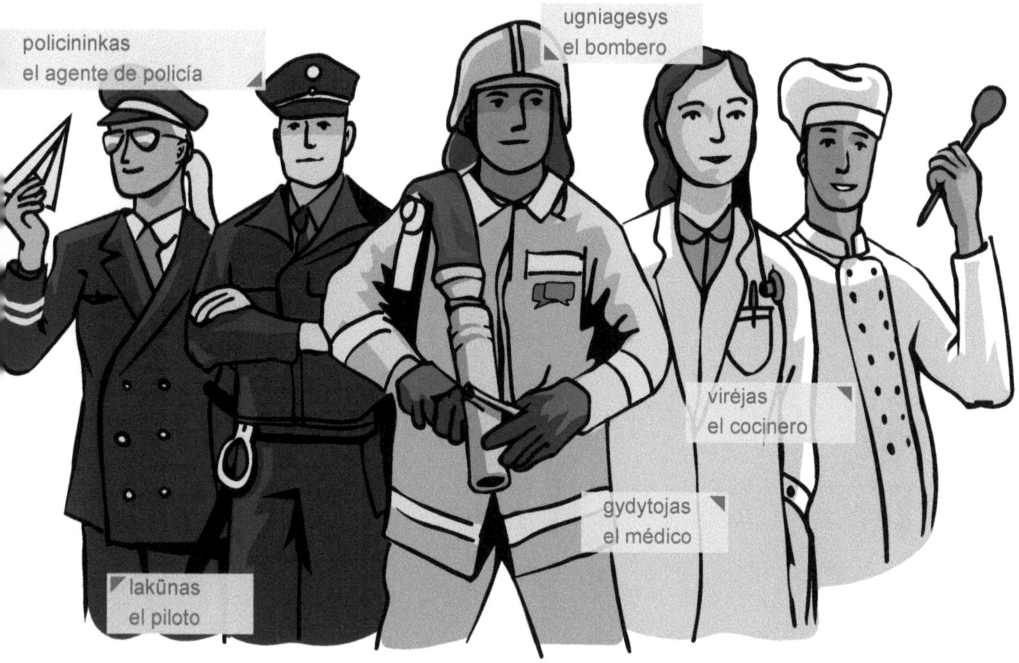
policininkas
el agente de policía
ugniagesys
el bombero
virėjas
el cocinero
gydytojas
el médico
lakūnas
el piloto

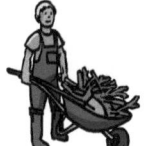

sodininkas
el jardinero

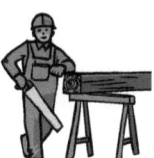

stalius
el carpintero

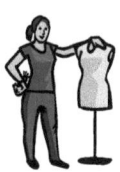

siuvėja
la costurera

teisėjas
el juez

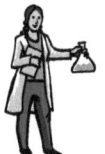

chemikas
el farmacéutico

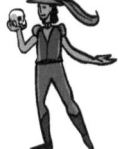

aktorius
el actor

autobuso vairuotojas

el conductor de autobús

taksi vairuotojas

el taxista

žvejys

el pescador

valytoja

la señora de la limpieza

stogdengys

el techador

padavėjas

el camarero

medžiotojas

el cazador

dailininkas

el pintor

kepėjas

el panadero

elektrikas

el electricista

statybininkas

el obrero

inžinierius

el ingeniero

mėsininkas

el carnicero

santechnikas

el fontanero

paštininkas

el cartero

kareivis

el soldado

architektas

el arquitecto

kasininkas

el cajero

gėlininkas

el florista

kirpėjas

el peluquero

konduktorius

el revisor

mechanikas

el mecánico

kapitonas

el capitán

odontologas

el dentista

mokslininkas

el científico

rabinas

el rabino

imamas

el imán

vienuolis

el monje

kunigas

el sacerdote

įrankiai
las herramientas

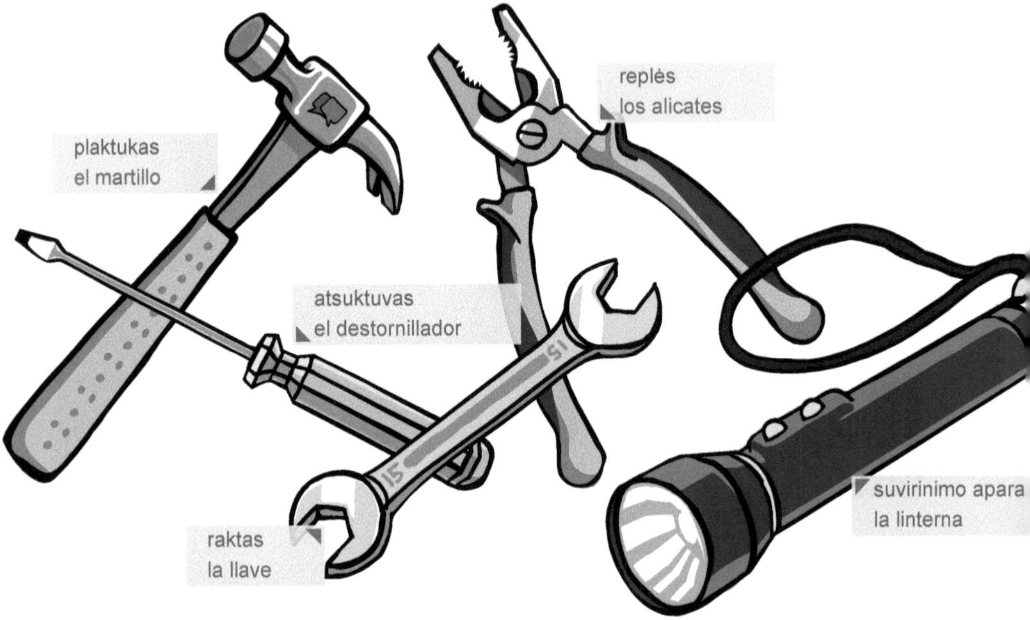
plaktukas
el martillo
replės
los alicates
atsuktuvas
el destornillador
raktas
la llave
suvirinimo apara
la linterna

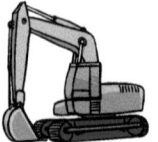

ekskavatorius

la excavadora

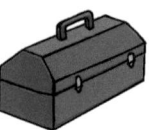

įrankių dėžė

la caja de herramientas

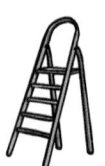

kopėčios

la escalera de mano

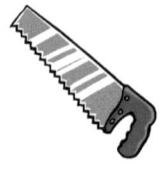

pjūklas

la sierra

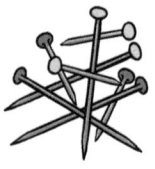

vinys

los clavos

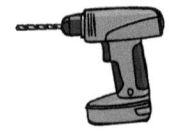

grąžtas

el taladro

taisyti
reparar

kastuvas
la pala

Velniava!
¡Maldita sea!

semtuvėlis
el recogedor

dažų skardinė
el bote de pintura

varžtai
los tornillos

muzikos instrumentai
los instrumentos musicales

garsiakalbis
el altavoz

būgnų rinkinys
la batería

gitara
la guitarra

kontrabosas
el contrabajo

trimitas
la trompeta

pianinas

el piano

smuikas

el violín

bosinė gitara

bajo

timpanas

los timbales

būgnai

el tambor

sintezatorius

el teclado

saksofonas

el saxofón

fleita

la flauta

mikrofonas

el micrófono

zoologijos sodas
el zoo

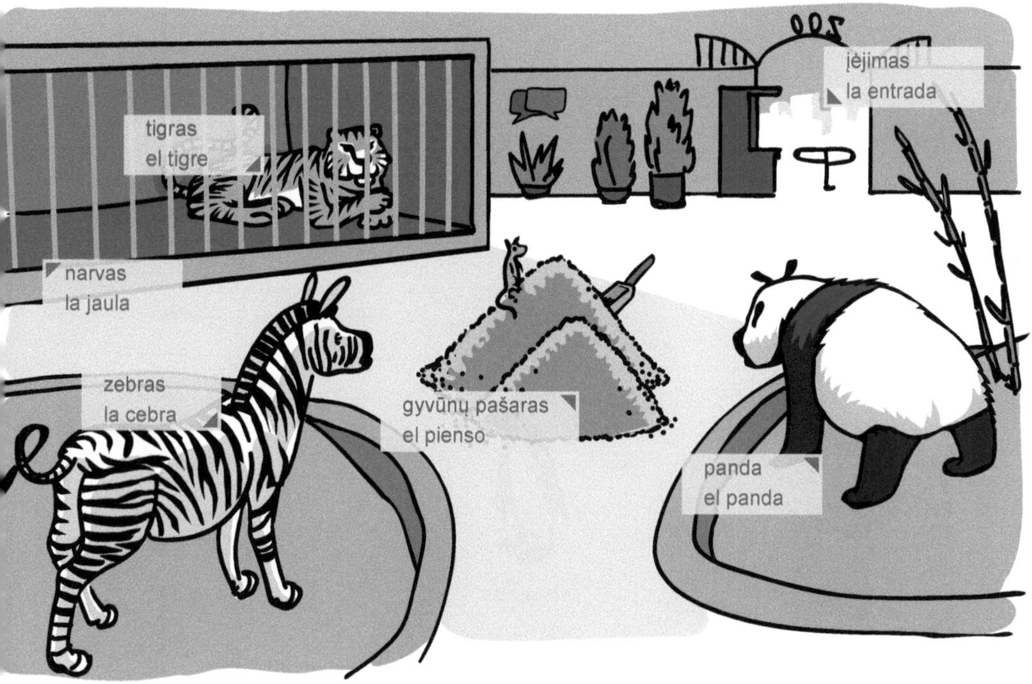

įėjimas
la entrada
tigras
el tigre
narvas
la jaula
zebras
la cebra
gyvūnų pašaras
el pienso
panda
el panda

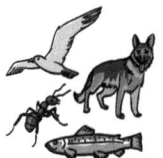

gyvūnai

los animales

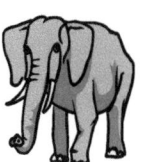

dramblys

el elefante

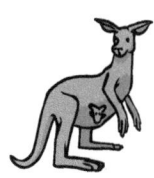

kengūra

el canguro

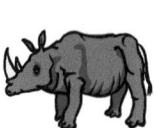

raganosis

el rinoceronte

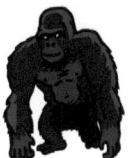

gorila

el gorila

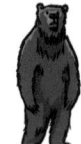

meška

el oso

kupranugaris

el camello

strutis

el avestruz

liūtas

el león

beždžionė

el mono

flamingas

el flamingo

papūga

el loro

baltoji meška

el oso polar

pingvinas

el pingüino

ryklys

el tiburón

povas

el pavo real

gyvatė

la serpiente

krokodilas

el cocodrilo

zoologijos sodo prižiūrėtojas

el guardián de zoológico

ruonis

la foca

jaguaras

el jaguar

ponis

el poni

leopardas

el leopardo

begemotas

el hipopótamo

žirafa

la jirafa

erelis

el águila

šernas

el jabalí

žuvis

el pescado

vėžlys

la tortuga

vėplys

la morsa

lapė

el zorro

gazelė

la gacela

amerikietiškas futbolas
el fútbol americano

dviračių sportas
el ciclismo

tenisas
el tenis

krepšinis
el baloncesto

plaukimas
la natación

boksas
el boxeo

ledo ritulys
el hockey sobre hielo

futbolas
el fútbol

badmintonas
el bádminton

atletika
el atletismo

rankinis
el balonmano

slidinėjimas
el esquí

polas
el polo

juoktis
reír

šokinėti
saltar

apkabinti
abrazar

vaikščioti
caminar

dainuoti
cantar

svajoti
soñar

melstis
rezar

bučiuoti
besar

rašyti
escribir

piešti
dibujar

rodyti
mostrar

stumti
empujar

duoti
dar

imti
tomar

turėti

tener

daryti

hacer

būti

ser

stovėti

estar de pie

bėgti

correr

traukti

tirar

mesti

tirar

kristi

caer

meluoti

yacer

laukti

esperar

nešti

llevar

sėdėti

estar sentado

rengtis

vestirse

miegoti

dormir

pabusti

despertar

žiūrėti

mirar

verkti

llorar

glostyti

acariciar

šukuoti

peinar

kalbėti

hablar

suprasti

entender

paklausti

preguntar

klausytis

escuchar

gerti

beber

valgyti

comer

tvarkytis

ordenar

mylėti

amar

gaminti

cocinar

vairuoti

conducir

skristi

volar

buriuoti

navegar

skaičiuoti

calcular

skaityti

leer

mokytis

aprender

dirbti

trabajar

vesti

casarse

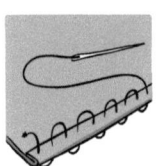

siūti

coser

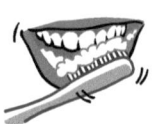

valytis dantis

cepillarse los dientes

žudyti

matar

rūkyti

fumar

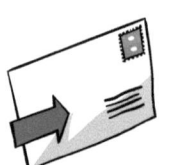

siųsti

enviar

šeima
la familia

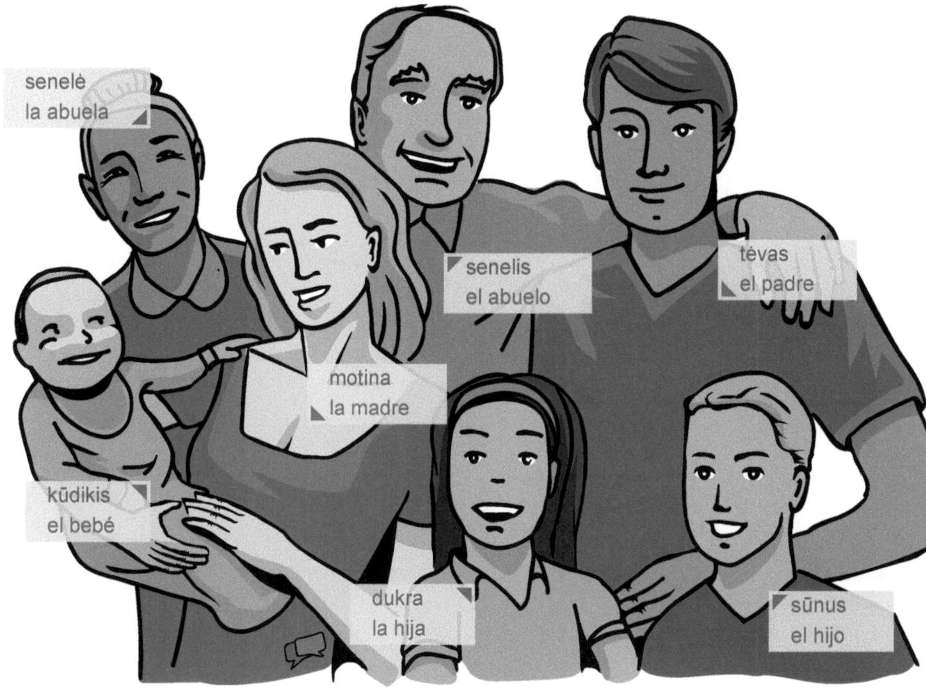

senelė
la abuela
senelis
el abuelo
tėvas
el padre
motina
la madre
kūdikis
el bebé
dukra
la hija
sūnus
el hijo

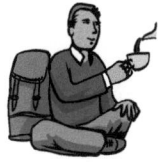

svečias

el invitado

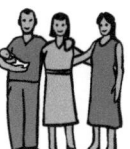

teta

la tía

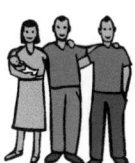

dėdė

el tío

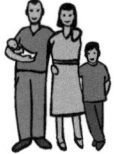

brolis

el hermano

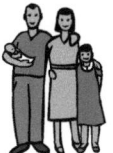

sesuo

la hermana

kūnas

el cuerpo

kakta
la frente
akis
el ojo
petys
el hombro
pirštas
el dedo
veidas
la cara
smakras
la barbilla
plaštaka
la mano
koja
la pierna
krūtinė
el pecho
ranka
el brazo

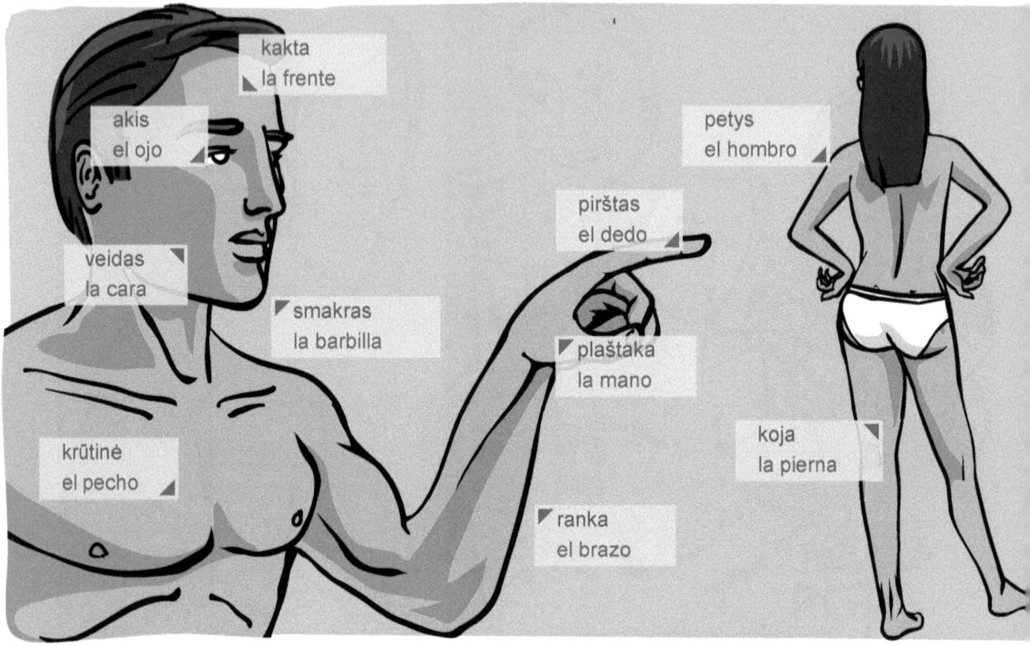

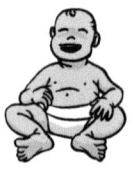

kūdikis

el bebé

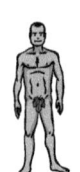

vyras

el hombre

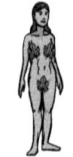

moteris

la mujer

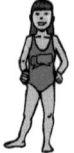

mergaitė

la chica

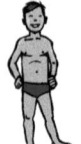

berniukas

el chico

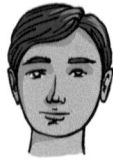

galva

la cabeza

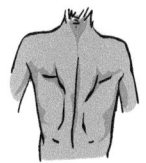

nugara

la espalda

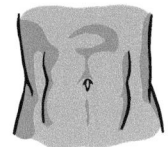

pilvas

el vientre

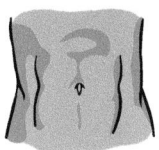

bamba

el ombligo

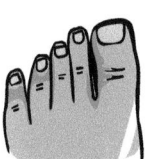

kojos pirštas

el dedo del pie

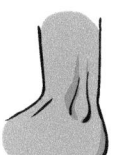

kulnas

el talón

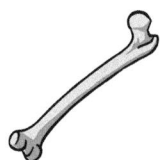

kaulas

el hueso

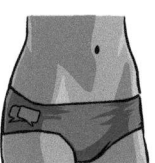

klubas

la cadera

kelis

la rodilla

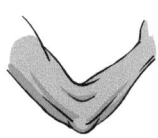

alkūnė

el codo

nosis

la nariz

sėdmenys

el trasero

oda

la piel

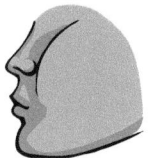

skruostas

la mejilla

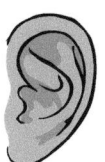

ausis

el oído

lūpa

el labio

burna

la boca

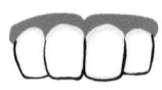

dantis

el diente

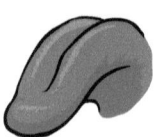

liežuvis

la lengua

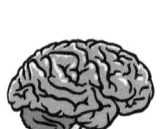

smegenys

el cerebro

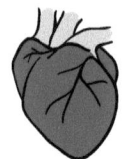

širdis

el corazón

raumuo

el músculo

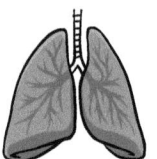

plaučiai

el pulmón

kepenys

el hígado

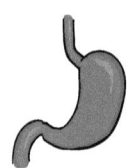

skrandis

el estómago

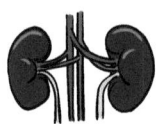

inkstai

los riñones

seksas

el sexo

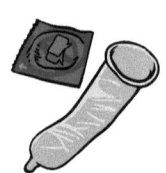

prezervatyvas

el condón

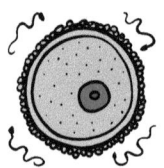

kiaušialąstė

el ovario

sperma

el semen

nėštumas

el embarazo

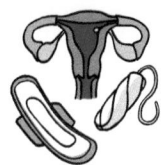

menstruacijos

la menstruación

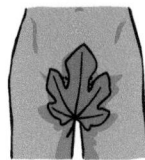

makštis

la vagina

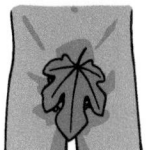

varpa

el pene

antakis

la ceja

plaukai

el pelo

kaklas

el cuello

ligoninė
el hospital

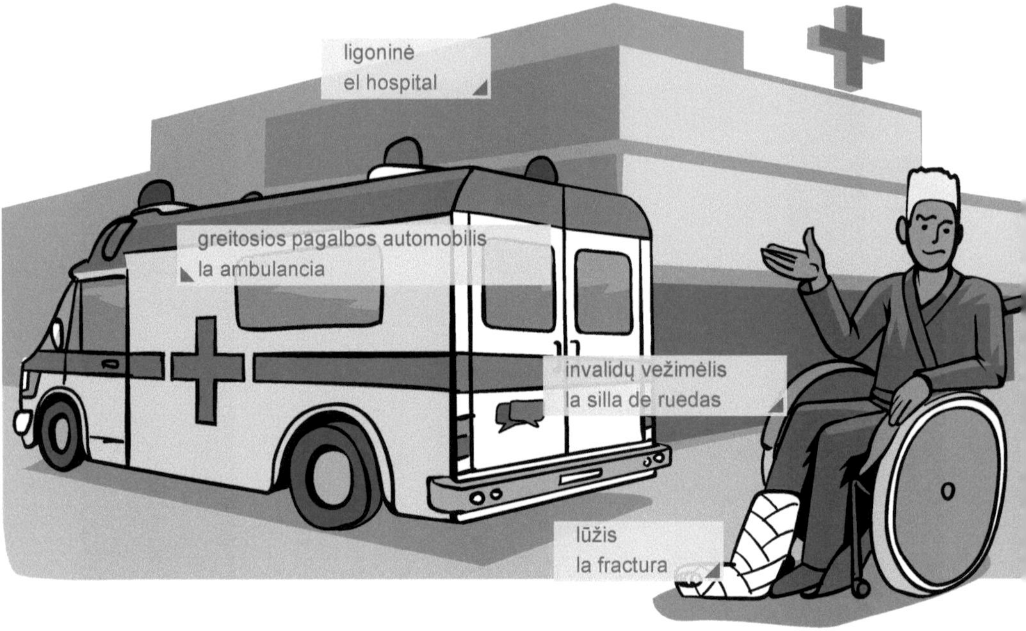

ligoninė
el hospital
greitosios pagalbos automobilis
la ambulancia
invalidų vežimėlis
la silla de ruedas
lūžis
la fractura

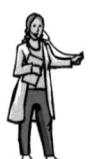

gydytojas

el médico

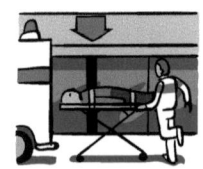

skubios pagalbos skyrius

la sala de urgencias

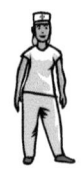

slaugytoja

la enfermera

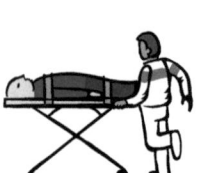

nelaimingas atsitikimas

la urgencia

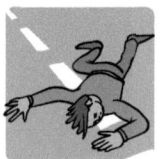

be sąmonės

inconsciente

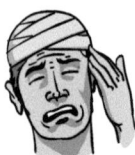

skausmas

el dolor

sužalojimas

la lesión

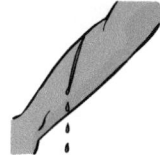

kraujavimas

la hemorragia

širdies smūgis

el infarto

insultas

el ictus

alergija

la alergia

kosulys

la tos

karščiavimas

la fiebre

gripas

la gripe

viduriavimas

la diarrea

galvos skausmas

el dolor de cabeza

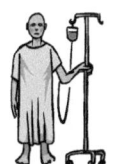

vėžys

el cáncer

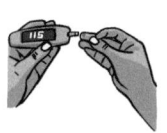

diabetas

la diabetes

chirurgas

el cirujano

skalpelis

el bisturí

operacija

la operación

KT
TAC

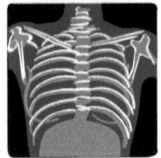

rentgenas
los rayos x

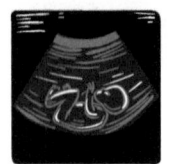

ultragarsas
el ultrasonido

veido kaukė
la mascarilla

liga
la enfermedad

laukiamasis
la sala de espera

ramentas
la muleta

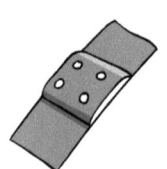

gipsas
la tirita

tvarstis
la venda

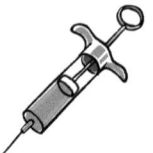

injekcija
la inyección

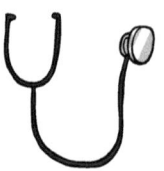

stetoskopas
el estetoscopio

neštuvai
la camilla

termometras
el termómetro

gimimas
el nacimiento

antsvoris
el sobrepeso

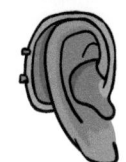

klausos aparatas
el audífono

dezinfekavimo priemonė
el desinfectante

infekcija
la infección

virusas
el virus

ŽIV / AIDS
VIH / SIDA

vaistas
la medicina

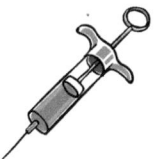

skiepijimas
la vacunación

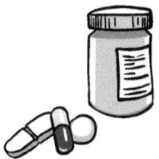

tabletės
las tabletas

piliulė
la pastilla

skubios pagalbos numeris
la llamada de urgencia

kraujospūdžio matuoklis
el tensiómetro

ligotas / sveikas
enfermo / sano

Padėkite!

¡Socorro!

pavojaus signalas

la alarma

užpuolimas

el asalto

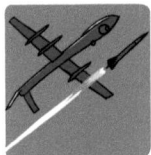

ataka

el ataque

pavojus

el peligro

avarinis išėjimas

la salida de emergencia

Gaisras!

¡Fuego!

gesintuvas

el extintor de incendios

nelaimingas atsitikimas

el accidente

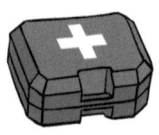

pirmosios pagalbos rinkinys

el botiquín de primeros auxilios

SOS

SOS

policija

la policía

Europa

Europa

Šiaurės Amerika

Norteamérica

Pietų Amerika

Sudamérica

Afrika

África

Azija

Asia

Australija

Australia

Atlanto vandenynas

el atlántico

Ramusis vandenynas

el Pacífico

Indijos vandenynas

el Océano Índico

Pietų vandenynas

el Océano Antártico

Arkties vandenynas

el Océano Ártico

Šiaurės ašigalis

el polo norte

Pietų ašigalis

el polo sur

Antarktida

La Antártida

Žemė

la tierra

sausuma

la tierra

jūra

el mar

sala

la isla

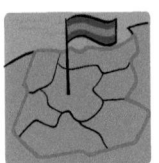

tauta

la nación

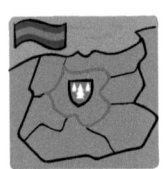

valstybė

el estado

ciferblatas

la esfera

valandinė rodyklė

la manecilla de las horas

minutinė rodyklė

el minutero

sekundinė rodyklė

el segundero

Kiek valandų?

¿Qué hora es?

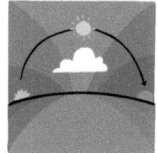

diena

el día

laikas

el tiempo

dabar

ahora

skaitmeninis laikrodis

el reloj digital

minutė

el minuto

valanda

la hora

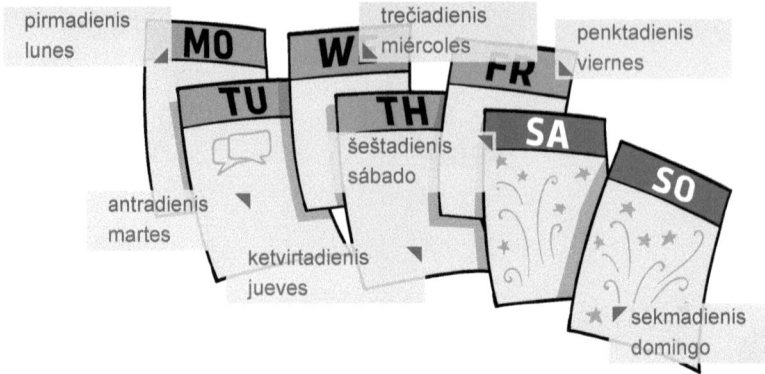

pirmadienis
lunes

trečiadienis
miércoles

penktadienis
viernes

antradienis
martes

šeštadienis
sábado

ketvirtadienis
jueves

sekmadienis
domingo

vakar

ayer

šiandien

hoy

rytoj

mañana

rytas

la mañana

vidurdienis

el mediodía

vakaras

la tarde

MO	TU	WE	TH	FR	SA	SU
1	2	3	4	5	6	7
8	9	10	11	12	13	14
15	16	17	18	19	20	21
22	23	24	25	26	27	28
29	30	31	1	2	3	4

darbo dienos

los días laborables

MO	TU	WE	TH	FR	SA	SU
1	2	3	4	5	6	7
8	9	10	11	12	13	14
15	16	17	18	19	20	21
22	23	24	25	26	27	28
29	30	31	1	2	3	4

savaitgalis

el fin de semana

metai

el año

lietus
la lluvia
vaivorykštė
el arcoíris
sniegas
la nieve
vėjas
el viento
pavasaris
la primavera
ruduo
el otoño
vasara
el verano
žiema
el invierno

4.APRIL 11°
5.APRIL 4°
6.APRIL 13°
7.APRIL 8°
8.APRIL 10°

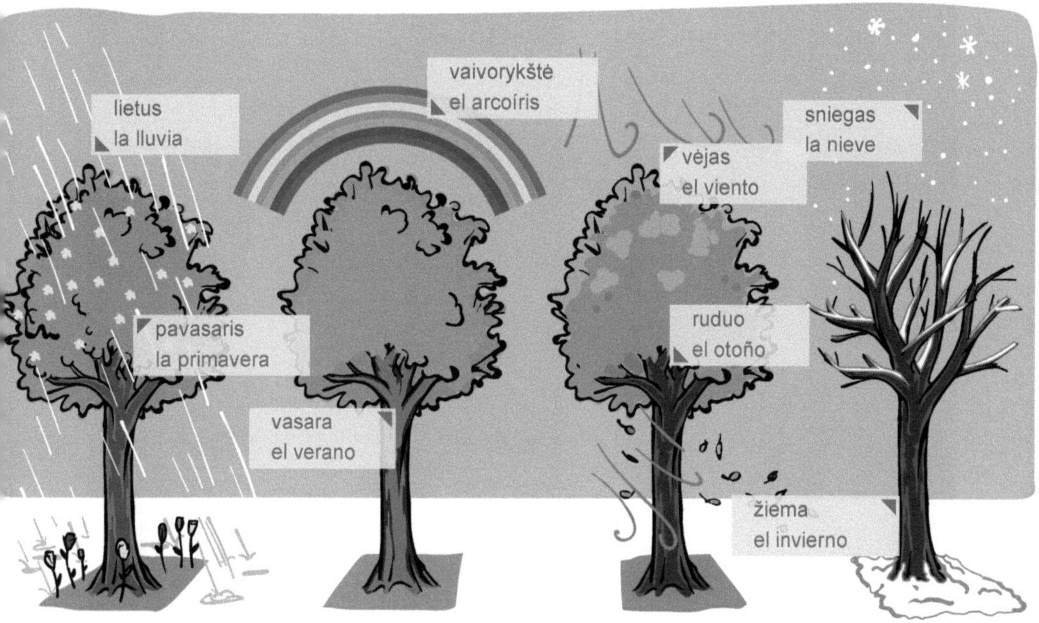

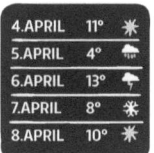

orų prognozė

el pronóstico del tiempo

F C
120 40
90 30
60 20
30 10
0 0
-30 -10
-20

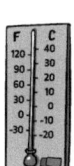

lauko termometras

el termómetro

saulės šviesa

el sol

debesis

la nube

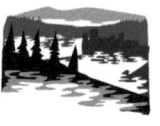

rūkas

la niebla

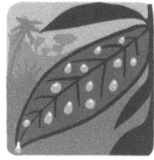

drėgmė

la humedad

žaibas

el rayo

griaustinis

el trueno

audra

la tormenta

kruša

el granizo

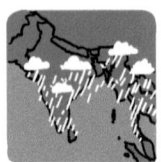

musonas

el monzón

potvynis

la inundación

ledas

el hielo

sausis

enero

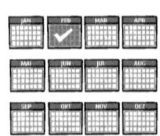

vasaris

febrero

kovas

marzo

balandis

abril

gegužė

mayo

birželis

junio

liepa

julio

rugpjūtis

agosto

rugsėjis
....
septiembre

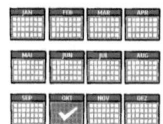

spalis
....
octubre

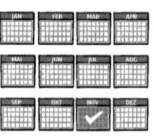

lapkritis
....
noviembre

gruodis
....
diciembre

formos
las formas

apskritimas
....
el círculo

kvadratas
....
el cuadrado

stačiakampis
....
el rectángulo

trikampis
....
el triángulo

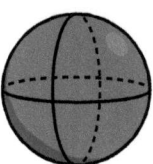

sfera
....
la esfera

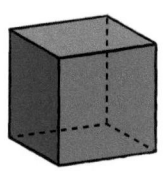

kubas
....
el cubo

balta

blanco

geltona

amarillo

oranžinė

anaranjado

rožinė

rosa

raudona

rojo

violetinė

morado

mėlyna

azul

žalia

verde

ruda

marrón

pilka

gris

juoda

negro

daug / mažai

mucho / poco

piktas / ramus

enojado / tranquilo

gražus / bjaurus

bonito / feo

pradžia / pabaiga

principio / fin

didelis / mažas

grande / pequeño

šviesus / tamsus

claro / oscuro

brolis / sesuo

el hermano / la hermana

švarus / purvinas

limpio / sucio

užbaigtas / neužbaigtas

completo / incompleto

diena / naktis

el día / la noche

miręs / gyvas

muerto / vivo

platus / siauras

ancho / estrecho

valgomas / nevalgomas

comestible / no comestible

piktas / malonus

malo / amable

linksmas / nuobodus

entusiasmado / aburrido

storas / plonas

gordo / delgado

pirmiausia / paskiausia

primero / último

draugas / priešas

el amigo / el enemigo

pilnas / tuščias

lleno / vacío

kietas / minkštas

duro / blando

sunkus / lengvas

pesado / ligero

alkis / troškulys

el hambre / la sed

ligotas / sveikas

enfermo / sano

nelegalus / legalus

ilegal / legal

protingas / kvailas

inteligente / tonto

kairė / dešinė

izquierda / derecha

arti / toli

cerca / lejos

naujas / naudotas

nuevo / usado

niekas / kažkas

nada / algo

senas / jaunas

viejo / joven

įjungta / išjungta

encendido / apagado

atidaryta / uždaryta

abierto / cerrado

tylus / garsus

silencioso / ruidoso

turtingas / vargšas

rico / pobre

teisus / neteisus

correcto / incorrecto

šiurkštus / švelnus

áspero / suave

liūdnas / laimingas

triste / contento

trumpas / ilgas

corto / largo

lėtas / greitas

lento / rápido

drėgnas / sausas

húmedo / seco

šiltas / šaltas

cálido / frío

karas / taika

guerra / paz

0	**1**	**2**
nulis	vienas	du
cero	uno	dos

3	**4**	**5**
trys	keturi	penki
tres	cuatro	cinco

6	**7**	**8**
šeši	septyni	aštuoni
seis	siete	ocho

9	**10**	**11**
devyni	dešimt	vienuolika
nueve	diez	once

12
dvylika

doce

13
trylika

trece

14
keturiolika

catorce

15
penkiolika

quince

16
šešiolika

dieciséis

17
septyniolika

diecisiete

18
aštuoniolika

dieciocho

19
devyniolika

diecinueve

20
dvidešimt

veinte

100
šimtas

cien

1.000
tūkstantis

mil

1.000.000
milijonas

el millón

anglų
el inglés

amerikiečių anglų
el inglés americano

kinų (mandarinų)
el chino madarín

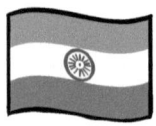

hindi
el hindi

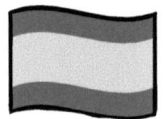

ispanų
el español

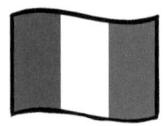

prancūzų
el francés

arabų
el árabe

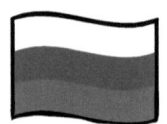

rusų
el ruso

portugalų
el portugués

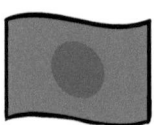

bengalų
el bengalí

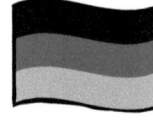

vokiečių
el alemán

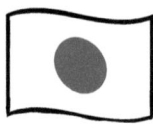

japonų
el japonés

aš

yo

tu

tú

jis / ji

él / ella / ello

mes

nosotros/as

jūs

vosotros/as

jie

ellos/as

kas?

¿quién?

ką?

¿qué?

kaip?

¿cómo?

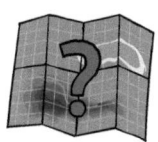

kur?

¿dónde?

kada?

¿cuándo?

vardas

el nombre

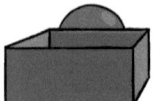

už
detrás

kur (vieta)
en

priešais
delante de

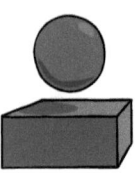

virš
por encima de

ant
sobre

po
debajo de

prie
junto a

tarp
entre

vieta
el lugar